Instagram Marketing

Social Media & Online Marketing Guide mit Strategien für Unternehmen, Unternehmer & Anfänger. Algorithmus verstehen für mehr Reichweite, Follower & Kunden!

Inkl: 15 geheime Tipps

1. Auflage 2020

Inhalt

Vorwort

Mind. 2 Mio. Unternehmen weltweit und weitaus mehr Unternehmer nutzen bereits Instagram als Marketingplattform für die Vermarktung eigener Produkte oder für die Einkommensgenerierung als Influencer oder als Nischenseitenbetreiber. Dabei hat die Social Media Plattform Instagram weltweit über 1 Milliarde monatlich aktiver Nutzer. Davon entfallen auf Deutschland über 15 Mio. monatlich aktiver Nutzer.

- Doch wie schafft man es, sich oder sein Unternehmen effizient und effektiv auf Instagram zu vermarkten?
- Wie erreicht man am besten für seinen Inhalt relevante Nutzer und wie bindet man diese langfristig an sein Profil?
- Wie schafft man es, ohne Marketingexpertise und ohne Marketingbudget sein Instagram Profil auf über 100.000 Follower zu steigern?

Genau diese Fragestellungen beantwortet dieses Buch. Das Buch vermittelt dir die wichtigsten Grundlagen rund um das Thema Instagram Marketing und beinhaltet sehr viele aktuelle Tipps und wertvolle Geheimtricks aus der Praxis, um deine Reichweite auf Instagram sowohl organisch als auch durch bezahlte Werbung so schnell wie möglich auf 100.000 Follower zu erhöhen. Dabei spielt es keine Rolle, ob du bereits Erfahrung mit Instagram Marketing sammeln konntest oder dich erst seit Neustem mit Instagram beschäftigst: Das Buch wird dir auf jeden Fall zu einer größeren Reichweite auf Instagram verhelfen. Zudem zeigt dir das Buch wie du die geschaffene Reichweite nutzen kannst, um dir ein stabiles Einkommen als Influencer oder als Nischenseite zu generieren oder um deine Markenbekanntheit im B2C und B2B Bereich als Unternehmen für einen höheren Umsatz zu steigern. Als Bonus enthält dieses Buch **15 Geheimtipps**, die noch nicht von jedem verwendet werden. Nutze diese und deine Followeranzahl wird durch die Decke gehen!

Mit dem Erwerb dieses Buches bist du auf jeden Fall den ersten Schritt in die notwendige Richtung gegangen. Herzlichen Glückwunsch dafür! Vom Erfolg auf Instagram trennt dich nun nur noch das Durchlesen des Buches und die praktische Umsetzung der Inhalte!

Viel Erfolg und Spaß beim Aufbau deiner erfolgreichen Instagram Marke und über 100.000 Follower.

Das steckt in diesem Buch

In diesem Buch steckt viel Wissen, Know-how und Erfahrung, die dir definitiv dabei helfen werden, dein Instagram Marketing auf das nächste Level zu bringen. Dabei lernst du, wie du ein erfolgreicher Influencer oder Nischenseitenbetreiber auf dem schnellsten Weg werden kannst. Die Anleitung kannst du aber genauso für den Ausbau der Bekanntheit deines Unternehmens in der Online-Welt nutzen!

Zunächst wird eine Übersicht über Instagram und Marketing auf der Plattform gegeben. So bekommst du ein Gespür dafür, was du alles mit Hilfe von Instagram in Sachen Online-Marketing, Aufbau eines Online-Business oder Influencer-Marketing erreichen kannst. Instagram bietet dir nämlich eine Riesenchance, von Null auf und mit einfachen Hilfsmitteln eine sehr populäre Marke aufzubauen. Im Hauptteil wirst du im Detail erfahren, wie du dir eine große Reichweite aufbauen kannst. Dabei handelt es sich um praxiserprobte Tipps, die zu 100 % funktionieren. Diese werden übrigens auch von den erfolgreichsten Instagram-Influencern genutzt, um mehr und mehr Bekanntheit aufzubauen. Neben kostenlosen Möglichkeiten, enthält das Kapitel auch bezahlte Möglichkeiten, die eine noch schnellere Skalierung erlauben. Am Ende des Kapitels erhältst du einen Überblick, wie du deine erzeugte Reichweite in Geld transformieren kannst. Abhängig von deinen Zielen, kannst du dir mit Instagram ein sehr gutes Nebeneinkommen bzw. ein signifikante Umsatzsteigerung als Unternehmen generieren.

So holst du dabei das Meiste aus diesem Buch heraus

Wissen ist Macht. Das stimmt. Um dein Wissen im Bereich Instagram Marketing auf einen Expertenstatus zu bringen, hast du auf jeden Fall das richtige Buch erworben. Allerdings nutzt dir das Wissen nichts, wenn du nicht in die Umsetzung kommst. Deshalb mach dir Notizen beim Lesen und komme so schnell wie möglich in die Umsetzung. Lies das Buch außerdem mehrmals durch. Wiederholung macht, wie aus allen Bereichen des Lebens bekannt, den Meister. Deshalb: wenn du dir bei der Umsetzung nicht mehr sicher bist, dann blättere nochmal zurück und analysiere die Tipps im Detail! Außerdem setz dir Ziele und eine Timeline. Das hilft dir, langfristig dranzubleiben und Erfolge zu erzielen. Etabliere dir zusätzlich positive Gewohnheiten. Dann läuft alles viel einfacher!

Kapitel 1: Einführung ins Instagram Marketing

Instagram als Marketingwerkzeug: Fakten & Zahlen

Instagram ist ein soziales Netzwerk, das einem Nutzer erlaubt durch Fotos, Videos, Chatnachrichten und Ausschnitten aus dem täglichen Leben mit seiner Community zu interagieren. Dabei können Beiträge in seinem Instagram Profil veröffentlicht werden. Diese werden deinen Followern in ihrem Instagram Feed (erste Seite von Instagram) angezeigt. Zusätzlich kann der Beitrag Nutzern, die einem nicht folgen, im Instagram Explorer angezeigt werden. Zusätzlich kannst du Beiträge in deiner Story veröffentlichen. Diese sind für 24 Stunden verfügbar und können sowohl von eigenen Followern als auch von Nutzern im Explorer angeschaut werden.

Insgesamt gibt es über 1 Mrd. Nutzer auf Instagram weltweit. Dabei steigt die Zahl der Nutzer jährlich weiter an. Die Hälfte der Nutzer (500 Millionen) ist täglich aktiv. Tendenz ist ebenfalls steigend. Das heißt für dich als zukünftiger Instagram Marketer: es gibt mehr als genug Menschen, die dir folgen werden, mit deinen du interagieren kannst und denen du Mehrwert und Unterhaltung bieten kannst. Daraus kannst du dementsprechend auch den einen oder anderen Euro dazuverdienen.

Für wen genau ist Instagram als Marketingplattform geeignet?

Wir haben bereits im Vorwort dieses Buches geklärt, dass auf der einen Seite Instagram als Marketing Werkzeug für bereits bekannte Persönlichkeiten oder Unternehmen genutzt werden kann. Auf der anderen Seite bietet dir Instagram alle Möglichkeiten, um von 0 auf deine persönliche Marke oder eine Nischenseite aufzubauen. Du musst diese Möglichkeit nur ergreifen und mit dem richtigen Know-how an die Sache rangehen! Und keine Sorge, du musst nicht unbedingt mehrjährige Erfahrung mit Marketing, Verkaufen oder etwas anderem haben. Dieses Buch erklärt dir alle Grundlagen, so dass du direkt durchstarten kannst. Alles was du brauchst, ist ein Smartphone mit einer funktionierenden Kamera und eine Internetverbindung. Das wars!

Was kannst du von Instagram Marketing erwarten?

Instagram bietet dir unendlich viele Möglichkeiten bekannt zu werden und dir ein stabiles Einkommen aufzubauen. Dir sollte aber auch bewusst sein, dass du damit nicht über Nacht reich wirst. Wenn du die Strategien und Geheimtricks aus diesem Buch umsetzt, wirst du nach wenigen Wochen bereits erste Erfolge auf Instagram verzeichnen können! Dabei kannst du es als Hobby für ein gutes Nebeneinkommen (500 bis 3.000 €) nutzen. Oder du kannst es professionell angehen und dein Einkommen grenzenlos skalieren. Der bestbezahlte Instagram-Influencer ist übrigens Cristiano Ronaldo. Er verdient mit einem Beitrag bis zu 1 Mio. US-Dollar. Klar, der nächste Cristiano Ronaldo zu werden, erfordert etwas mehr als nur den Aufbau einer erfolgreichen Instagram-Marke. Nach der folgenden Faustformel kannst du dich aber richten:

Ab 10.000 Followern kannst du ab 100 € pro Beitrag verdienen.

Ab 100.000 Followern kannst du ab 1.000 € pro Beitrag verdienen.

Natürlich hängt es auch von deiner Nische, der Anzahl der Wettbewerber und deiner Zielgruppe ab.

Aber das sind übliche Werte aus der Praxis nach denen du dich richten kannst. Zudem ist der Verdienst pro Beitrag, nur eine von vielen Möglichkeiten mit Instagram Geld zu verdienen. Auf die anderen Möglichkeiten wird im übernächsten Kapitel ausführlich eingegangen.

Welche Zielgruppe erreiche ich über Instagram?

Du hast es sicherlich schon mal gehört: Auf Instagram verbringen nur jüngere Leute ihre Zeit. Das stimmt nicht! Wenn wir uns die Statistik heranziehen, dann bilden zwar jüngere Personen prozentual gesehen die größte Gruppe. Aber es nutzen auch immer mehr ältere Menschen Instagram!

Alter der Instagram-Nutzer

bis 29 Jahre	ca. 60 %
30 bis 50 Jahre	ca. 35 %
51 bis 64 Jahre	ca. 16 %
Ab 65 Jahre	ca. 9 %

Das heißt, du hast nicht nur Jugendliche als

Zuschauer, sondern auch ältere Personen, die ebenfalls kaufkräftiger sind. Nicht umsonst nutzen immer mehr Unternehmen Instagram als Vermarktungsplattform für Ihre Produkte.

Was dir aber auch klar sein sollte: Leute verbringen Ihre Zeit auf Instagram, um Spaß zu haben und ihre Zeit zu vertreiben. Deshalb sollte dein Content des Profils dementsprechend Interesse erwecken und von deiner Zielgruppe als interessant und unterhaltend angesehen werden. Wie du das schaffst, besprechen wir im nächsten Kapitel.

Diese Kennzahlen solltest du kennen, um Erfolg zu haben

Auf die folgenden Kennzahlen solltest du beide Augen für einen effizienten und effektiven Ausbau deiner Reichweite richten.

Impressionen

Die Anzahl der Impressionen sagt aus, wie oft dein Beitrag insgesamt angesehen wurde. Das heißt, wenn 1.000 Nutzer das Bild 3-mal gesehen haben, dann beläuft sich die Anzahl der Impressionen auf 3.000. Du könntest dich jetzt fragen: welchen Vorteil bringt es, wenn eine Person mehrmals in der Statistik berücksichtigt wird. Im Marketing geht man davon aus, dass eine Person bis zu 8 Kontakte benötigen kann, bis sie mit der Werbung interagiert. Deshalb ist nicht nur entscheidend, wie viele Personen erreicht werden, sondern wie oft die Anzeige insgesamt gesehen wird.

Reichweite

Reichweite gibt die Anzahl der Personen an, die mit einem Beitrag erreicht werden. Das heißt, wenn 1.000 Nutzer das Bild 3-mal gesehen haben, dann beläuft sich die Reichweite auf 1.000 Nutzer.

Follower

Die Anzahl der Nutzer, die direkt deinem Profil folgen, werden als Follower bezeichnet. Das heißt, wenn dir 1.000 Nutzer folgen, dann hast du 1.000 Follower. Wichtig: Nur weil dir jemand folgt, heißt es nicht, dass er auch deinen Beitrag in seinem Instagram Feed sehen wird. Instagrams Algorithmus wird mit der Zeit in die Richtung angepasst, dass die organische Reichweite stetig abnimmt. Laut einer Statistik erreicht zurzeit ein Beitrag nur 80 % deiner Follower. Da Instagram ihren Umsatz durch

Werbeeinnahmen generiert, ist es verständlich, dass die organische Reichweite reduziert wird. Im nächsten Kapitel werden dir aber mehrere Möglichkeiten gezeigt, wie du trotzdem deine organische Reichweite massiv erhöhst!

Likes

Likes ist ein Parameter, der anzeigt, wie vielen Nutzern dein Beitrag gefällt und sie den Like-Button gedrückt haben. Likes alleine bieten nur wenig Aussagekraft. Wichtiger als die absolute Likeanzahl ist das Verhältnis zwischen Likes und Followern. Wenn ein Profil viele Follower und gleichzeitig wenige Likes pro Beitrag aufweist, dann impliziert das, dass die Follower nicht wirklich aktiv oder an deinen Beiträgen interessiert sind. Im Umkehrschluss heißt das, dass z. B. deine Produktplatzierungen in den Beiträgen nicht gekauft werden. Somit solltest du achten, dein Like-zu-Follower Verhältnis so hoch wie möglich zu halten. Das kriegst du hin, wenn du Nutzer auf deinen Account aufmerksam machst, deren Interessen damit übereinstimmen. Klasse ist eben mehr wert als Masse.

Kommentare

Funktion zur gegenseitigen Interaktion zwischen Nutzern und dem Beitragsverfasser unter einem Beitrag. Je höher die Anzahl der Kommentare, desto höher ist somit die Interaktion deiner Follower und anderer Nutzer mit deinem Inhalt. Das führt dazu, dass der Algorithmus von Instagram deinen Beitrag weiteren Nutzern angezeigt, da der Inhalt interessant sein muss. Das heißt: Halte die Interaktion unter deinen Beiträgen so hoch wie möglich, damit Instagram dein Bild weiteren Nutzern anzeigt.

Kapitel 2: So schaffst du es dich auf Instagram erfolgreich zu vermarkten und 100.000 Follower in wenigen Monaten zu erreichen

Dieses Kapitel wird dir alle Strategien und Tricks verraten, damit du auf dem schnellsten Weg eine große Reichweite mit Instagram aufbauen kannst.

Wenn du diese Grundlagen beachtest, ist dein Erfolg vorprogrammiert

Bevor mit dem Aufbau deiner Reichweite und des zusätzlichen Einkommens starten kannst, musst du dich gründlich vorbereiten.

Dir muss klar sein, dass dein Profil oder deine Nischenseite für etwas stehen wird. Das hat den Vorteil, dass Nutzer dich mit einer konkreten Sache verbinden. Das sorgt für einen „Expertenstatus" und Wiedererkennungswert.

Das Problem hierbei: sobald du dich einmal

positionierst, ist es nicht ratsam nach einer Weile in eine andere Nische mit dem gleichen Profil zu wechseln. Dies sorgt für den Abbau deiner Reichweite. Stell dir vor: Du positionierst dich zunächst als veganer Ernährungsexperte. Nach einem Jahr wechselst du dann deine Positionierung zum Versicherungsexperten. Du merkst selber: Deine Follower folgen dir wegen leckeren veganen Rezepten. Nun hilfst du ihnen bei Versicherungen. Das wird für sie keinen Sinn ergeben und es kommt zu einer Reduktion deiner Reichweite. Klar kannst du deine Positionierung im Verlauf der Zeit leicht anpassen (vegetarischer und veganer Ernährungsexperte) wenn du das unbedingt tun möchtest. Deshalb solltest du dir im Vorfeld überlegen, welche Nische du belegen willst und das eben langfristig durchziehen.

Jetzt stellt sich dir vermutlich die Frage: wie findest du die beste Nische heraus? Die Antwort: es gibt nicht die eine beste Nische.

Jede Nische hat ihre Vor- und Nachteile. Bei einer weit verbreiteten Nische (z. B. Fitnessmodel) kannst du dir sicher sein, dass du auf jeden Fall genügend Nutzer ansprechen wirst. Allerdings sollte dir bewusst sein, dass diese Nischen meist sehr stark besetzt sind. Bei solchen Nischen musst du drauf achten, dass du entweder durch deinen USP

(Unique Selling Point; dt. Alleinstellungsmerkmal) aus der Masse herausstichst, großen Mehrwert durch deine Value Proposition (Werteversprechen) lieferst oder vermehrt auf bezahlte Werbemethoden setzt.

Eine weniger verbreitete Nische (Anwalt für deutsches Verkehrsrecht) wird wenige Konkurrenten aufweisen. Allerdings muss dir bewusst sein, dass diese Nische nicht sehr viele Nutzer anspricht. Deshalb wird deine potentiell erreichbare Reichweite stark begrenzt sein. Der Vorteil ist aber natürlich, wenn du auf dem Gebiet einer der wenigen Experten bist, wirst du ein Monopol besitzen. Das heißt du wirst für potentielle Interessenten der einzige sein. Zudem kannst du davon ausgehen, dass deine Follower ein sehr starkes Interesse an dem Thema besitzen. Deshalb wirst du hier trotz einer geringen Followeranzahl mehr Geld pro Beitrag erwirtschaften können als im Vergleich zu einer Nische mit vielen Wettbewerbern und Followern.

Das heißt, du kannst theoretisch in nahezu jeder Nische eine Reichweite aufbauen und dementsprechend gute Einnahmen erzielen. Dir müssen aber die Vor- und Nachteile im Vorfeld bewusst sein.

Worauf es vielmehr bei der Auswahl deiner Nische ankommt, ist, wo genau deine Stärken und Interessen liegen. Du wirst dich nämlich als Experte mit dem Profil bzw. Seite positionieren. Außerdem wirst du mehrmals pro Woche Beiträge zu dem Thema verfassen müssen. Deshalb solltest du dich in diesem Themengebiet auskennen bzw. Interesse haben dich täglich mit dem Thema auseinanderzusetzen.

Um dir Klarheit über deine Stärken und Interessen zu schaffen, empfehle ich dir zunächst ein allgemeines Brainstorming mit einem Stift und leeren Blatt Papier zu betreiben. Du wirst 100% auf mehrere Themen kommen, bei denen du Stärken hast und die dich interessieren. Im nächsten Schritt solltest du diese Themenbereiche einer Nische zuordnen und eine Nischenanalyse durchführen. Die Analyse sollte die folgenden Punkte beinhalten.

Art der Nische

Es gibt drei Arten von Nischen: Trend-, Saison- und Evergreennischen.

Bei Trendnischen handelt es sich um Themenbereiche, die gerade populär sind oder in der nahen Zukunft sehr populär werden. Wenn du eine Trendnische in ihrer anfänglichen Entwicklung erwischt, kannst du dich gerne in dieser Nische positionieren und einen schnellen Aufbau von Reichweite erreichen. Dir muss aber bewusst sein, dass ein Trend auch vorüber gehen kann. Z. B. war das Thema Bitcoin bis Ende 2017 sehr attraktiv. Nach dem Einbruch des Kryptomarktes hat die Nachfrage nach dem Thema abgenommen.

Saisonnischen sind nur zu einem gewissen Zeitpunkt des Jahres sehr populär. In dem restlichen Zeitraum ist die Nachfrage nach diesen Themen eher gering. Als Beispiel gilt z. B. eine Seite für Wintersport. Das Thema wird im Winter eine sehr hohe Nachfrage erfahren. Die restliche Zeit werden die Beiträge nicht sehr interessant und relevant sein. Von dieser Art von Nische, ist abzuraten, wenn du kontinuierliche Einnahmen generieren willst.

Evergreennischen beinhalten Themenbereiche, die so gut wie immer auf Interesse stoßen. Beispielhaft zählen zu solchen Themenbereichen folgende Themen: Gesundheit, Fitness, Ernährung, Persönlichkeitsentwicklung, Dating und Flirten. Somit wirst du bei dieser Art von Nischen nichts falsch machen. Du solltest hier allerdings nach Möglichkeit einen glasklaren USP bzw. eine scharfe Positionierung (nicht Marketingexperte, sondern Experte für Instagram Marketing) rausarbeiten, da die Konkurrenz sehr hoch sein kann.

Personal Brand oder Corporate Brand

Entscheide dich, ob du eine Personal Brand (Personenmarke) oder eine Corporate Brand (Unternehmensmarke) aufbauen möchtest. Bei einer Personal Brand wirst du häufiger Bilder über dich posten müssen. Bei einer Corporate Brand sprichst du zu deinen Followern aus Sicht eines Unternehmens und kannst so direkt deine Produkte vermarkten und Informationen und Vorteile zu deinem Produkt schildern.

Primär Unterhaltung oder Primär Informationen

Du solltest dein Profil entweder primär in Richtung Unterhaltung oder eben primär in Richtung Informationen ausrichten. Es ist aber kein entweder oder. Deine Beiträge sollten beides enthalten. Der rote Faden sollte sich allerdings nach dem einen oder anderen richten. Wenn du ein Profil zum Thema Immobilien aufbauen möchtest, dann sollte der Informationsfaktor im Vordergrund stehen. Bei einer Seite für einen Lifestyle-Blogger sollte der Unterhaltungsfaktor an erster Stelle stehen.

Breite oder scharfe Positionierung

Egal für welche Art von Nische du dich entscheidest,

ist es von großer Bedeutung, ob du dich breit oder scharf positionierst.

Das heißt: sprichst du die Masse oder eher eine spezifische Zielgruppe an. Z. B. sprichst du als Fitnessmodel nahezu jeden Nutzer an, der sich für Sport, Fitness und Gesundheit interessiert. Zudem wirst du viele Follower haben, die dir nur aufgrund deines Körpers und der Bilder folgen. Somit ist die Streuung der Interessen sehr hoch.

Wenn du dich aber als veganer Ernährungsexperte positionierst, hast du deine Zielgruppe sehr stark eingegrenzt. Hier kannst du auf ein vielfach höheres Interesse deiner Follower setzen und gezielt Produkte vermarkten.

Beide Arten der Positionierung funktionieren. Du solltest bloß über die Vor- und Nachteile Bescheid wissen. (siehe Anfang des Kapitels)

Wettbewerbsanalyse

Die Wettbewerbsanalyse wird benötigt, um deinen USP, deine Marketingstrategie und Möglichkeiten über die Darstellung deiner Beiträge zu identifizieren. Zudem kannst du deine Wettbewerber als Inspiration für Beiträge usw. nutzen. Deshalb solltest du dir vom Wettbewerb ein klares Bild schaffen. Diese Punkte solltest du beachten:

- **Anzahl der Wettbewerber in einer Nische:** Je höher der Wettbewerb, desto klarer musst du deine Value Proposition und deinen USP darstellen. Je geringer der Wettbewerb, desto leichter kann der Aufbau von Reichweite ausfallen. Es kann aber auch ein Anzeichen für eine geringe Attraktivität einer Nische sein.
- **Anzahl der Follower bei den Top 5 Wettbewerbern:** Diese geben dir ein Anzeichen, wie hoch ungefähr die Nachfrage nach einem Thema ist.
- **Ausmaß der Interaktion bei den Top 5 Wettbewerbern:** Das dient dir als Anzeichen, wie aktiv die Nutzer in einer Nische sind. Daraus kannst du Rückschlüsse über die Höhe von möglichen Verkäufen schließen.
- **Häufigkeit, Art und Qualität der Beiträge bei den Top 5 Wettbewerbern:** Daran solltest du ebenfalls die drei Punkte in deinem Profil anpassen bzw. wenn Potential besteht sogar übertreffen.

- **Art der Monetarisierung:** Es verschafft dir einen Überblick, auf welche Arten du in einer Nische Geld verdienen kannst.

Nachfrage nach einer Nische

Du solltest dir zudem einen Eindruck verschaffen, wie groß ca. die Nachfrage nach deiner Nische sein wird und wie sich die Nische in der Zukunft entwickeln wird. Allerdings ist das nicht einfach zu bestimmen. Bei der Wettbewerbsanalyse habe ich dir bereits eine Möglichkeit gegeben, über die Anzahl der Follower bei den Top 5 Wettbewerbern die Nachfrage zu bestimmen. Was du als einen weiteren Anhaltspunkt dafür nutzen kannst ist folgendes Tool:

✓ https://trends.google.de/trends/?geo=DE

Google ist die meistgenutzte Suchmaschine der Welt. Das heißt wir können uns hier der Auswertung von Google ganz einfach bedienen. Du kannst so rausfinden, wie sich die Nachfrage nach einer Nische bzw. nach einem Thema entwickelt. Wichtig hierbei: eine positive Entwicklung in der Vergangenheit muss nicht unbedingt auf eine positive Entwicklung in der Zukunft sprechen. (z. B. Bitcoin)

Was ebenfalls als empfehlenswert gilt, ist es sich

von Zeit zu Zeit Nachrichten, Zeitschriften und statistische Auswertung (z. B. www.statista.de) zu deiner Nische zu durchstöbern. Das bietet ebenfalls einen guten Anhaltspunkt zu der Entwicklung der Nische.

Dein USP (Unique Selling Point)

Dein USP (dt. Alleinstellungsmerkmal) dient dazu, dein Profil von der Konkurrenz abzuheben. Außerdem hilft dir dein USP eine klare Botschaft an deine Kunden bzw. Follower zu kommunizieren. So brennt sich deine Seite in den Köpfen deiner Kunden bzw. Followern ein. Ein USP kann zum Beispiel eine Art der Darstellung deiner Beiträge sein (z. B. immer ein gleicher Hintergrund bei jedem Bild oder Darstellung der Inhalte immer als ein kurzes Video). Es kann ein gewisses Format deiner Beiträge sein (z. B. jeden Sonntag ein Live Q&A). Wenn du ein Produkt vermarkten willst, dann kann sich dein USP in einem konkreten Vorteil deines Produkts darstellen, den du ständig an deine Kunden bzw. Follower kommunizierst. Somit kann ein USP in jedem möglichen Bereich erreicht werden. Je konkreter dabei der USP und je höher der Mehrwert des USP an deine Zielgruppe ist, desto positiver wird er sich auf die Entwicklung deiner Reichweite und deiner Einnahmen auswirken.

Deine Value Proposition (Werteversprechen bzw. der Mehrwert deines Profils)

Du solltest dir klarmachen, welchen genauen Mehrwert dein Profil auf Instagram den Nutzern bieten soll. Neben der Entscheidung, ob es primär um Unterhaltung oder Informationsvermittlung geht, solltest du genau überlegen, was die Nutzer von deinem Profil haben. Z. B. praktische Tipps oder die aktuellsten Nachrichten im Bereich xyz.

Wie bereits beschrieben, solltest du die genannten Punkte allesamt in die Auswahl deiner Nische einbeziehen. Eine fundierte Analyse ist nämlich die halbe Miete für deinen Erfolg auf Instagram. Die andere Hälfte kommt aus der Vermarktung deines Profils. Hier spielen die Strategien als auch die anschließende Umsetzung eine sehr wichtige Rolle. Hier gilt, wie überall anders auch das Prinzip: Hard work pays off!

#Geheimtipp

Ein Nutzer sollte auf einen Blick erkennen, wofür dein Profil steht und was es ihm genau bringt dir zu folgen. Deshalb gestalte unter „Profil bearbeiten“ die Zeilen für den „Namen“ und deine „Bio“ so, dass es deine Zielgruppe anspricht und deinen USP und deine Value Proposition beschreibt.

Beim Namen solltest du in 2-3 Wörtern kurz

zusammenfassen wofür dein Profil steht.

Zum Beispiel: vegane Ernährungsberatung

In deine Bio solltest du deine Value Proposition, Vorteile und deinen USP anschaulich darstellen. Und scheu dich nicht davor einige Smileys einzubauen!

Zum Beispiel: Du bist Veganer oder möchtest einer werden? Dann bist du hier genau richtig!

- Täglich neue vegane Rezepte zum Kochen & Backen
- Täglich Tipps & Tricks zur veganen Ernährung & Lebensweise
- Jeden Dienstag: Live Q&As zu deinen Fragen!
- Mehr Infos unter: [Website]
- Abonniere jetzt das Profil, um nichts zu verpassen!

#Geheimtipp

Nutze dabei Begriffe, die SEO optimiert sind. Das heißt: Wenn du z. B. eine Fitnesstrainerin bist, Nutzer aber eher nach einer „Personal Trainerin" suchen, sollte der Begriff „Personal Trainerin" in deinem Namen bzw. Bio enthalten sein. So erhöhst du deine potentielle Reichweite. Für die Analyse, nach welchen Begriffen (bzw. Keywords) Nutzer suchen, kannst du dafür die folgenden kostenlosen Keywords Analytics Tools nutzen.

- ✓ https://www.keyword-tools.org/
- ✓ https://neilpatel.com/de/ubersuggest/

  (Registriere dich kostenlos auf der Seite oder melde dich mit deinem Google-Konto an, um mehr kostenlose Suchanfragen pro Tag zu erhalten.)

Qualität deiner Beiträge als entscheidender Faktor für ein attraktives Profil

Die wesentlichen Gründe, wieso sich Nutzer stundenlang auf Instagram aufhalten, sind die folgenden:

- Unterhaltung
- Interaktion mit anderen
- Informationsaufnahme

Zudem stellt Instagram primär eine Plattform dar, um Inhalte im Foto- oder Videoformat in deinem Profil oder der Story zu teilen. Deshalb solltest du hierauf dein Augenmerk legen, um deine Reichweite und die Anzahl der erreichten Nutzer zu erhöhen.

Beachte dabei die folgenden Punkte.

Mehrwert deiner Beiträge

Du solltest deine ganzen Beiträge danach ausrichten, Mehrwert für deine bestehende Follower und potentielle neue Follower zu schaffen. Deine Beiträge sollten deshalb so viele wie möglich der unten aufgeführten Punkte abdecken:

- Sie sollten unterhaltend sein
- Sie sollten Engagement und Interaktion bei den Nutzern auslösen
- Sie sollten hochwertige Informationen vermitteln

Bei dem Unterhaltungsfaktor solltest du aufpassen, dass du bei seriösen Inhalten (wie z. B. bei einer Seite zum Thema „Recht") deine Beiträge nicht zu sehr ins Lächerliche ziehst, da sonst deine Seriosität und die Wahrnehmung deiner Follower darunter leidet. Allerdings sollten die Inhalte nicht nur „langweilige" Paragrafen vermitteln. Bringe zum Beispiel witzige Inhalte oder Funfacts, die zu deinem Thema passen.

Qualität deiner Beiträge

Wenn du Bilder aufnimmst, solltest du darauf achten, dass die Qualität der Bilder hochwertig ist. In der Regel brauchst du nicht unbedingt eine professionelle Spiegelreflexkamera für 2.000 €. Es reicht schon aus, wenn du die Bilder mit einem Smartphone aufnimmst. Die Kameraqualität von Smartphones hat sich nämlich in den letzten Jahren sehr weiter entwickelt. Das heißt, wenn du ein iPhone 10/11, Samsung Galaxy S 9/10/11, ein Huawei oder ähnliches Smartphone besitzt, reicht das mehr als aus. Wenn du aber natürlich eine Profi-Spiegelreflexkamera besitzt, dann solltest du diese auch nutzen. Damit jemand von dir Bilder aufnimmt benötigst du entweder einen Partner, der das übernimmt, oder kauf dir einfach ein Stativ auf Amazon für 30-50 €. Achte darauf, dass du die Bilder von einer gewissen Entfernung aufnimmst, damit nichts abgeschnitten wird. Auf Instagram werden die Bilder nämlich in einem quadratischen Format veröffentlicht.

Wichtig auch: es gibt nicht die eine perfekte Bildart. Probiere jegliche aus und schau, was bei deinen Followern und anderen Nutzern auf Instagram am besten ankommt. Nutze dazu die Auswertung von Instagram Insights. Dazu mehr später in diesem Kapitel.

Neben einer guten Kamera, solltest du deine Bilder bearbeiten, damit sie aus der Masse herausstechen. Hier empfiehlt es sich natürlich die Bilder am besten mit Adobe Photoshop zu bearbeiten. Auf dem Smartphone kannst du die App Adobe Lightroom benutzen.

#Geheimtipp

Wenn du noch nie mit Photoshop gearbeitet hast: Am Anfang wir des dich viel Zeit kosten, um alle Funktionen zu verstehen und so anzuwenden, dass die Bilder am Ende super aussehen. Keine Sorge, dafür gibt es eine praktische Abkürzung. Du kannst dir so genannte „Presets" erwerben. Das sind angepasste Bearbeitungsparameter, die abgespeichert wurden und auf jedes Bild in Adobe Lightroom angewendet werden können. Dabei gibt es zahlreiche Presets, die je nach Farbenzusammenspiel deines Bildes angewendet werden können. Hier kannst du pro Preset mit einer einmaligen Investition zwischen 5-10 € rechnen. Diese Investition lohnt sich aber! Achte dabei auch, dass die Presets nicht nur auf dem PC bzw. Laptop angewendet werden, sondern auch auf dem Smartphone.

Wenn du Bilder mit z. B. Textsprüchen erstellen möchtest, dann achte unbedingt auf ein einheitliches Format. Deine Bilder sollten eben einen Wiedererkennungscharakter aufweisen. Such dir zudem eine Standardschrift aus. Je nachdem mit welchem Programm du die Bilder erstellst, kannst du dir zahlreiche Schriften von Google herunterladen und nutzen.

- ✓ https://fonts.google.com/

Mache außerdem unbedingt dein Logo oder als „Wasserzeichen“ den Namen deines Profils auf jedes Bild. Textbilder werden nämlich gerne von verschiedenen anderen Seiten reposted. So generierst du indirekt Aufmerksamkeit auf dein Profil. Ein Logo kannst du ziemlich einfach hier online erstellen:

- ✓ https://logomakr.com/

Mach dir außerdem Gedanken, um die Farben, die du für deine Bilder verwendest. Du kannst gerne auf dieser Seite nachlesen, welche Wirkung eine bestimme Farbe auf den Menschen hat.

- ✓ http://www.farbenundleben.de/farbwirkung/farbwirkung_psychisch.htm
- ✓ https://www.webdesign-journal.de/farbwirkung/

Vernachlässige nicht die Beschreibung unter deinen Beiträgen

Das Bild bzw. Video ist das Wesentliche, worauf du bei deinen Beiträgen achten solltest. Trotzdem solltest du nicht die Beschreibung unter deinen Beiträgen vernachlässigen. Dort kannst du entweder das Thema von deinem Bild bzw. Video nochmal detaillierter beschreiben. Oder du erzählst eine kleine Geschichte zu deinem Bild. Je nach Thema deines Beitrags und dem Themenbereich deiner Seite wird sich der Inhalt unterscheiden.

Achte aber darauf, den Text übersichtlich zu gliedern. Wichtig hierbei: Verfasse die Texte nicht direkt in Instagram. Dort kannst du keine Formatierungen (Absätze oder Zeilenumbrüche) anpassen. Schreibe den Text im Editor auf dem Smartphone vor und füge „leere Zeilen" ein. Diese kannst du von der folgenden Seite kopieren:

- ✓ https://therealmarketingblog.de/leerzeilen-instagram/

Außerdem gestalte deinen Text informativ, aber auch gleichzeitig emotional. Das heißt, versuche in Bildern und Vergleichen zu den Lesern zu sprechen.

Achte auf einen einfach Lesefluss des Textes. Das heißt: Nutze kurze Sätze und Konjunktoren

(Verbindungswörter) zwischen den Sätzen. Benutze zudem zielgruppengerechte Begriffe.

Vergiss nicht in den Text direkt, wenn es thematisch reinpasst, oder am Ende der Beschreibung deine Hashtags zu setzen. Wenn du sie am Ende setzt, dann füge einige Absätze zwischen dem Text und den Hashtags ein.

#Geheimtipp

Baue am Anfang oder am Ende deines Textes unbedingt einen Call-to-Action ein. Z. B. „Like das Bild, wenn du das genauso siehst". Oder „Markiere deine Freunde, die diese Information unbedingt sehen sollten." Call-to-Actions sind essentiell dafür, dass Interaktion mit deinem Beitrag entsteht. Und Interaktion sorgt wiederum dafür, dass mehr Nutzer deinen Beitrag sehen.

Instagram-Story, IG-TV und Live Videos als immer noch unterschätzte Geheimwaffen

Drei immer noch unterschätzte Features auf Instagram sind „Stories", „Instagram-TV" und „Live Streams". Diese sollten aber gezielt eingesetzt werden, um mehr Reichweite aufzubauen.

Story Funktion

Die Story-Funktion bietet den Nutzern die Möglichkeit, Geschehnisse unmittelbar darzustellen.

Stories sind in Instagram direkt oben und sehr übersichtlich eingebunden. Aus Sicht von Instagram sind Stories eine sehr zukunftsrelevante Funktion.

Zudem lösen Stories bei Nutzern das Gefühl der Knappheit aus. In anderen Worten: das Gefühl nichts verpassen zu wollen. Stories sind nämlich nur 24 Stunden sichtbar. Wenn man es also beim Nutzer schafft, einen hohen Stellenwert für sein Profil zu kreieren, dann wird der Nutzer keine deiner Stories verpassen wollen. Um bei so vielen Nutzern wie möglich einen hohen Stellenwert einzunehmen, sollten deine Stories:

- **authentisch** sein
- einen **„Live“**-Faktor aufweisen bzw. das Gefühl der Unmittelbarkeit bieten
- **greifbar und einfach verständlich** für den Nutzer sein, da eine Story nur einige Sekunden angezeigt wird.
- **abwechslungsreich** sein. Das erreichst du durch z. B. das Posten von Bildern, Videos und Boomerangs. Für die Erstellung von

Boomerangs benötigst du die zusätzliche Boomerang-App auf deinem Smartphone.

- Zur **Interaktion** anregen. Deshalb veröffentliche Umfragen oder Q&As.
- **unterhaltend** sein. Deshalb habe keine Angst Smileys, GIFS, oder andere Effekte in deinen Stories einzubauen. Klar solltest du damit nicht übertreiben.
- **Tipps** oder Ratschläge vermitteln

Um den höchsten Nutzen aus der Story-Funktion zu ziehen, solltest du ebenfalls folgende Dinge in der Story veröffentlichen:

- Weise deine Nutzer in der Story-Funktion auf einen von dir neu veröffentlichten Beitrag in deinem Profil hin. Denn wie wir bereits besprochen haben, zeigt Instagram nicht jedem deiner Nutzer deinen Beitrag im Feed. Um deine volle Reichweite auszunutzen, solltest du deine Beiträge ebenfalls in der Story promoten. Am besten verdeckst du einen Teil deines Beitrages, um einen Grund für das Anklicken des Posts zu generieren.
- Deine Stories nach Möglichkeit einer Kategorie zuordnen und in deinem Profil speichern. So erlaubst du zukünftigen

Followern auf das frühere Geschehen in deiner Story zu blicken, um nichts zu verpassen. Dabei solltest du die Darstellung der Kategorien einheitlich und ansprechend gestalten. Wähle eine einheitliche Farbe, Schrift und oder Icons mit denen du das Ganze ausgestaltest.

- Du kannst ebenfalls Werbung für deine Produkte in der Story einbauen. Eine Auswertung von Instagram zeigt nämlich, dass bei 62 % der Nutzer nach dem Anschauen einer Story das Interesse nach einem Produkt bzw. einer Marke sich steigert. Allerdings solltest du deine Story nicht nur als Werbeplattform nutzen. Bei einer zu häufigen Werbung kann es das Gegenteilige bewirken.

#Geheimtipp

Zusätzlich kannst du exklusiv in der Story Rabattcodes für Produkte anbieten. Das steigert das Interesse deiner Follower, dir deine Stories anzuschauen.

Damit du so viele Nutzer wie möglich mit deinen Stories erreichst, solltest du die folgenden Dinge in deinen Stories einbauen. Stories werden nämlich den Nutzern genauso im Explorer Feed angezeigt.

Somit hast du die Möglichkeit deine Reichweite mit Stories zu steigern.

- Setze auf jede deiner Stories einen dazu passenden Hashtag. Pro Bild kannst du nur einen Hashtag setzen. Zusätzlich ist eine Hintertür vorhanden, um deutlich mehr Hashtags in deiner Story zu setzen: Wähle ein normales Textfeld aus und schreibe dort die relevanten Hashtags mit dem Hashtagzeichen „#“ davor rein.

- Nutze eine Standortverlinkung in deiner Story. Dadurch finden dich Nutzer, die sich für den Ort interessieren oder ebenfalls an dem Ort sind.

- Da nicht jeder Nutzer Stories mit Ton abspielt, solltest du die Kernbotschaft deiner Story immer auch als kurzen Text mit auf der Story veröffentlichen.

#Geheimtipp

Wenn du als Profil in einer Story deiner Follower markiert bist, dann reposte diese Story in deiner Story. Das erzeugt die folgenden zwei Effekte: Durch das Reposten werden deine Follower ebenfalls deine Beiträge in ihrer Story teilen, da sie so auf eine Zunahme ihrer Reichweite hoffen. Zum anderen bindest du die Nutzer, die dich in der Story markieren langfristig an dich, da du ihnen Wertschätzung schenkst.

#Geheimtipp

Es zeigt sich in der Praxis, dass die maximale Länge deiner Story höchstens 7-8 Beiträge gleichzeitig umfassen sollte. Bei einer größeren Story steigt nämlich die Wahrscheinlichkeit, dass deine Story übersprungen wird.

IG-TV

Auch wenn sich IG-TV noch nicht gegenüber seinem Konkurrenten „Youtube“ durchsetzen konnte, kann man durch IG-TV sich noch ziemlich leicht Reichweite dazugewinnen. Es nutzen nämlich noch nicht viele die Funktion wirklich ausgiebig. Spätestens wenn Instagram es erlaubt Werbung bei IG-TV zu schalten, wird die Plattform extrem an Nachfrage unter Creatorn wie dir gewinnen. Gerüchten zufolge soll die Monetarisierung der Plattform noch in 2020 erfolgen. Deshalb nutze die Chance und werde aktiv auf IG-TV!

Stand Sommer 2020 gibt es bereits Beta-User zur Monetarisierung von Videos durch Werbung bei IG-TV. Einige der größten Instagram-Influencer können diese Funktion in ihren Videos bereits einbauen und testen. Deshalb: mach dich darauf gefasst, dass vermutlich ab 2021 diese Möglichkeit allen zur Verfügung stehen wird!

Dabei musst du verstehen, dass sich das IG-TV-Format von dem gewöhnlichen „Instagram“ unterscheidet. Bei IG-TV solltest du nämlich längere Videos posten. Perfekt, um Informationen zu einem Thema zu vermitteln oder dein Produkt ausführlich zu erklären! Achte dabei, dass deine IG-TV Videos am Anfang sofort die Aufmerksamkeit des Nutzers gewinnen müssen, damit sie bereit sind, die Zeit in dein Video zu investieren. Teile bereits in den ersten Sekunden des Videos deiner Community mit, welchen Vorteil sie aus dem Video ziehen werden! Bzw. verspreche den Nutzern mitten im Video oder am Ende des Videos etwas was sie interessieren könnte. So werden die Zuschauer wirklich dein Video anschauen! Es kann z. B. ein Rabattcode, Zugang zum kostenlosen E-Book oder eine wichtige Information sein. Hauptsache beim Zuschauer entsteht der Bedarf weiterzuschauen! Vergiss dabei nicht deine IG-TV Videos in der Story und in deinem Feed durch eine kurze Vorschau zu promoten!

Live-Stream

Mit Live-Streams kannst du noch enger und unmittelbarer mit deiner Community interagieren. Wenn du regelmäßig Live-Streams veranstaltest, wirst du merken, dass die Interaktion deiner Follower mit deinem Profil viel intensiver wird. Du baust Vertrauen zu dir und zu deinen beworbenen Produkten auf. So wirst du viel leichter Produkte verkaufen können!

Du brauchst nicht jeden Tag einen Live-Stream zu machen. Wähle dir am Anfang zum Beispiel einen Tag pro Woche aus und kündige davor deinen Livestream an. Sammle z. B. Fragen deiner Community in der Story zuvor. So bist du auf der sicheren Seite, dass du Themen haben wirst, über die du im Livestream sprechen kannst. Zudem lernen dich deine Follower persönlich kennen und bauen Vertrauen zu dir und deiner Persönlichkeit auf. Und Vertrauen ist das A&O beim Verkaufen!

Wenn du einen Fragesticker zudem vor deinem Live-Stream postest, dann wird Instagram deinen Live-Stream besser ranken und deinen Followern viel weiter vorne anzeigen. Instagram liebt nämlich Interaktion zwischen den Nutzern! Das funktioniert unabhängig davon, ob du dann im Livestream auf die Fragen deiner Community eingehst oder nicht.

#Geheimtipp
Organisiere den Live Stream gemeinsam mit einem anderen Instagram Nutzer mit einer großen Reichweite. Erstens bewertet dich der Algorithmus von Instagram ebenfalls besser. Zweitens wird dein Live-Stream ebenfalls bei den Followern des anderen Nutzers angezeigt. Das sorgt für einen enormen Reichweiteboost!

18 kostenlose Marketingstrategien für mehr Reichweite und eine größere Community

Damit du mit deinen Bildern im Instagram-Feed, Explorer Feed und deinen Stories so viele passende Nutzer wie möglich ansprichst, solltest du zunächst alle organischen bzw. kostenlosen Marketingstrategien in deinem Profil anwenden. Die Strategien, die aus der Praxis heraus den meisten Erfolg bringen, werden im Folgenden erklärt.

Zunächst muss eine Unterscheidung zwischen organischen und anorganischen Strategien erfolgen. Organische Methoden sind kostenlose Methoden, die du verwenden kannst, um deine Followeranzahl kontinuierlich auszubauen. Unter anorganischen Methoden werden alle bezahlten Methoden zusammengefasst. Hierbei gibt es kein besser oder schlechter. Beide Wege funktionieren.

Organische Methoden erfordern in der Regel mehr Zeit und mehr Aufwand, um die gleichen Ergebnisse wie bei anorganischen Methoden zu erzielen. Bei anorganischen Methoden musst du aber Geld investieren, um die gewünschten Erfolge zu erhalten. In der Regel empfiehlt sich eine Mischung aus beiden Methoden. So wirst du kontinuierlich und auch langfristig eine große Reichweite generieren können.

Bevor hier im Detail auf die organischen Strategien eingegangen wird, sollte der Algorithmus von Instagram genauer angeschaut werden.

Der Algorithmus von Instagram bestimmt welcher Beitrag, wann und wie oft er welchen Nutzern gezeigt wird. Ob im Feed oder im Insta-Explorer. Instagrams Aufgabe ist es nämlich die Nutzer so lange wie möglich, auf der Plattform verweilen zu lassen. Der Grund ist einfach: Instagram generiert den größten Umsatz durch Werbeeinnahmen auf ihrer Plattform. Deshalb gibt Instagram alles dafür, dass den Nutzern nur für sie relevante und interessante Beiträge gezeigt werden. Doch wie bewertet Instagram die Relevanz und die Attraktivität eines Beitrags für einen Nutzer?

Folgende Kriterien werden bei der Bewertung berücksichtigt:

Interaktion

Wenn Nutzer mit deinen Beiträgen interagieren, dann wird die Relevanz deiner Beiträge für die Nutzer von Instagram höher eingeschätzt. Aus diesem Grund ist es wichtig, Beiträge zu veröffentlichen, die eine hohe Anzahl von Likes, Kommentaren, Sharings und Savings generieren. Nutze dazu unter anderem einen Call-to-Action!

Interesse

Anhand von Bildauswertungstools ordnet Instagram die Bilder nach Interessen ein. Genauso besitzt Instagram von jedem Nutzer ein Profil mit den entsprechenden Interessen des Nutzers. Diese beiden Dinge werden gematched. So zeigt Instagram einigen Nutzern eher deine Beiträge als anderen. Deshalb ist es wichtig, deine Zielgruppe und ihre Interessen zu kennen, damit das gezielt genutzt werden kann.

Aktualität

Neuste Beiträge werden den Nutzern eher weiter oben im Feed angezeigt als ältere Beiträge. Deshalb solltest du regelmäßig Bilder posten, damit Nutzer eher in Kontakt mit deinen Beiträgen kommen.

Followeranzahl

Je mehr Profilen deine Nutzer folgen, desto geringer ist die Wahrscheinlichkeit, dass dein Beitrag ganz oben bei ihnen im Feed gelistet wird. Anhand der drei oben genannten Kriterien bewertet der Algorithmus die Relevanz der Beiträge für den Nutzer. Deshalb: Je weniger Profilen deine Nutzer folgen, desto höher ist dementsprechend die Wahrscheinlichkeit oben gelistet zu werden.

Nutzungsfrequenz

Je öfter sich deine Follower in Instagram einloggen, desto höher ist die Wahrscheinlichkeit, dass Follower deine Beiträge sehen. Deshalb solltest du deine Zielgruppe auf Hinblick der Nutzungsfrequenz untersuchen und dementsprechend Handlungen treffen. Wenn die Nutzer nur selten aktiv sind, dann ist es umso wichtiger zu den Zeiten deine Beiträge zu verfassen, zu denen deine Nutzer online sind.

Wie du die Zeit erfährst, an der deine Follower aktiv sind, findest du im Unterkapitel zu „Instagram Insights“.

Nutzungsdauer

Je länger ein Nutzer sich auf Instagram aufhält, desto höher ist die Wahrscheinlichkeit, dass er in seinem Feed auf deinen Beitrag aufmerksam wird. Analysiere deine Zielgruppe und deine Follower auf die Nutzungsdauer von Instagram. Wenn deine Zielgruppe eher weniger Zeit pro Nutzung auf Instagram verbringt, dann solltest du umso mehr Beachtung den ersten drei Punkten schenken.

Anhand der genannten Algorithmuskriterien ergeben sich folgende erprobte organische Marketingstrategien.

18 organische bzw. kostenlose Marketingstrategien

Alle Strategien verfolgen die Prinzipien

- Mehr Impressionen
- Mehr Reichweite & Follower
- Mehr Interaktionen (Likes, Kommentare, Sharings und Savings)

zu erreichen. Verfolge die folgenden Strategien und

ich kann dir versprechen, dass deine Beiträge und dein Profil eine sehr hohe Aufmerksamkeit bekommen werden!

1. Virale Beiträge

Erstelle Beiträge, die überdurchschnittlich viel Aufmerksamkeit im Vergleich zu deinen übrigen Beiträgen erhalten. Dann spricht man von sogenannten viralen Beiträgen. Das ermöglicht dir, deiner Reichweite einen enormen Boost zu verpassen. Um virale Beiträge zu erstellen, nutze zum einen die Möglichkeiten von Instagram Insights, um Beiträge zu identifizieren, die am meisten Aufmerksamkeit erhalten. Dann ist es deine Aufgabe regelmäßig solche Beiträge zu veröffentlichen. Zum anderen solltest du so viele der unten angeführten Strategien verwenden.

2. Poste regelmäßig Beiträge auf deinem Profil

Wenn es dir möglich ist, dann veröffentliche täglich Inhalte. Dadurch steigt zum einen die Aktualität deiner Beiträge und zum anderen werden deine Follower regelmäßig mit Unterhaltung und nützlichen Informationen versorgt. Das erhöht die

Wahrscheinlichkeit, dass du deine bestehenden Follower langfristig bindest. Zudem werden mehr Nutzer auf dein Profil und deine Inhalte aufmerksam. Somit baust du dir durch das regelmäßige Posten von Beiträgen schneller eine Community auf.

Tipp: Kreiere einen Wochenplan mit Tagen an denen du Beiträge veröffentlichen willst. So wirst du dich auch dran halten!

3. Promote Beiträge in deiner Story

Nutze deine Story, um so viele deiner Follower wie möglich auf deine veröffentlichten Beiträge aufmerksam zu machen. Vergiss nicht dabei mindestens einen Hashtag und eine Standortverlinkung in der Story zu setzen. Verdecke dabei auch einen Teil deines Bildes mit einem Smiley. Am besten den Teil, der die meiste Attention kreiert. So steigert sich die Wahrscheinlichkeit, dass Personen von deiner Story auf deinen Beitrag übergehen. Binde dabei direkt den Beitrag und nicht nur einen Screenshot in der Story mit ein. So können Nutzer direkt in der Story auf den Beitrag klicken und zu ihm gelangen.

4. Aktivitätszeit deiner Follower und deiner Zielgruppe ausnutzen

Kenne die Zeit, zu der deine Follower aktiv sind. Das ist sehr einfach rauszubekommen. Gehe dazu unter Insights auf den Reiter „Zielgruppe“. Ganz unten wirst du die Zeit, zu der deine Nutzer aktiv sind, finden.

Poste deine Beiträge zu Beginn der Rushhour! Du solltest nicht nur darauf achten, wann deine Follower online sind, sondern auch, wann die meisten Nutzer auf Instagram online sind. Denn bei Instagram-Explorer werden den Nutzern auf Instagram auch wildfremde Beiträge angezeigt. Da willst du es auch hinschaffen. Und zwar bei so vielen Nutzer so weit oben wie möglich.

So sehen die Rushhours bei Instagram aus:

Tag	Zeit
Montag bis Freitag	6-8 Uhr 12-13 Uhr 18-21 Uhr
Samstag und Sonntag	9-13 Uhr

Deshalb achte drauf, dass du deine Beiträge zu Beginn der Rushhour bei den Nutzern erscheinen.

So wirst du die größtmögliche Anzahl der Nutzer erreichen können.

5. Einzigartigkeit deiner Beiträge

Gestalte einzigartige Beiträge, die aus der Masse herausstechen und die Aufmerksamkeit auf sich lenken. Die Aufmerksamkeit sollte dabei so lange wie möglich aufrechterhalten werden. Je länger nämlich ein Nutzer bei deinem Beitrag bleibt, desto höher wird die Attraktivität deines Beitrags vom Algorithmus gewertet. Deshalb verleite Nutzer dazu, so lange wie möglich bei deinem Beitrag zu bleiben.

Beim Beitrag solltest du vor allem auf die Qualität, das Design und die Einzigartigkeit deines Beitrags achten. Trau dich am Anfang etwas herumzuexperimentieren. Das erlaubt dir rauszufinden, welches Format besonders gut bei deiner Zielgruppe ankommt. Primäre Faktoren dafür sind die Anzahl der Impressionen, der Likes, der Kommentare, der Sharings und der „Gespeichert"-Markierungen. Nutze dafür auch die Auswertung deiner Bilder unter Insights. So bekommst du einen sehr guten Riecher, welche Art von Bildern du in Zukunft vermehrt posten solltest. Bei einem Fitnessmodel kommen zum Beispiel Vorher-

Nachher Bilder sehr gut an. Oder natürlich auch Bilder mit wenigen Textilien, aber das ist natürlich klar.

Gestalte deine Bildbeschreibung zudem so ausführlich wie möglich. Erzähle Geschichten, die die Nutzer verwickeln und den Text bis zum Ende lesen lassen. Und am Ende angekommen, interagieren sie im besten Fall sogar mit deinem Bild durch einen Call-to-Action. Damit deine Bildbeschreibung aufgerufen wird, solltest du im ersten Satz deiner Beschreibung oder besser noch auf dem Bild ein für den Nutzer interessantes Thema ansprechen. Beginne deshalb mit einem verlockenden Aufhänger, einer Frage, einem interessanten Spruch oder direkt mit dem Vorteil, den der Nutzer aus dem folgenden Text für sich ziehen wird. Z. B. „Du willst erfahren, wie du zu mehr Followern kommst? Die Antworten findest du im folgenden Text...“ oder „Wie du mehr Follower generierst...“. Als Fitnessmodel kannst du auch Erklärungen zu Übungen, Rezepten und ganze Trainingspläne in deiner Bildbeschreibung veröffentlichen.

Poste auch Videos in deinen Beiträgen. Dementsprechend werden Nutzer eine längere Zeit mit deinem Beitrag verbringen, wenn das Video natürlich interessant ist.

Baue mehrere Bilder pro Beitrag ein. So verlängerst du ebenfalls die Verweildauer des Nutzers bei deinem Beitrag.

Wenn du Bilder mir Sprüchen postest, dann rege mit deinen Texten den Leser zum Nachdenken an und hole dir seine Meinung durch einen Call-to-Action ab.

6. Interaktion in den Kommentaren deines Beitrags

Interagiere mit deiner Community. In den ersten 30 Minuten, nach dem du deinen Beitrag veröffentlicht hast, solltest du dir Zeit nehmen, um mit deiner Community ausgiebig zu kommunizieren. Beantworte jeden Kommentar und versuche den Nutzer in eine Konversation in den Kommentaren zu verwickeln. Beende also deinen Kommentar jeweils mit einer Gegenfrage.

7. Call-to-Action als magische Aufforderung

So stupide wie das klingt, aber Menschen benötigen eine Handlungsaufforderung, um eine Sache auszuführen. Je genauer du dabei angibst, was zu tun ist, desto einfacher wird es Menschen fallen.

Baue Call-to-Actions entweder direkt auf dem Bild oder am Ende der Bildbeschreibung ein. Du kannst ebenfalls ein Standardbild erstellen, das du bei jedem Beitrag zusätzlich zum Sliden an letzter Stelle postest. Dort kannst du mehrere Call-to-Actions einbauen. Das verlängert ebenfalls die Verweildauer der Nutzer bei deinem Beitrag!

Mit einem Call-to-Action kannst du die Nutzer auffordern das Bild aus einem bestimmten oder unbestimmten Grund zu liken, einen Kommentar zu einem gewissen Thema unter deinem Bild zu hinterlassen, die Freunde des Nutzers unter dem Bild zu markieren oder das Bild mit den Freunden des Nutzers zu teilen. Hierbei bewirkt eine Begründung, warum die Handlung ausgeführt werden muss, wahre Wunder. Z. B. „Teile das Bild mit deinen Freunden, damit sie auch diese wichtige Information erhalten.“

Im Allgemeinen werden Kommentare und Shares von Instagram höher eingestuft als einfache Likes, da Likes weniger Engagement erfordern.

Um die Interaktion weiter zu erhöhen, kannst du auch einfach mit Wettbewerbern oder Verlosungen arbeiten.

8. Nutze ausreichend Hashtags

Erhöhe die Reichweite des Bildes durch Hashtags. Früher war es bei Instagram möglich bis zu 30 Hashtags beim Beitrag in der Beschreibung und 30 Hashtags zusätzlich in der Kommentarsektion zu hinterlassen. Heutzutage ist es nicht mehr von Instagram erwünscht, dass zu viele Hashtags bei einem Beitrag verwendet werden. Der Grund ist, dass Instagram den Nutzern nur wirklich relevante Beiträge zeigen möchte. Deshalb nutze nur relevante Hashtags bei deinem Beitrag. Hashtags, die wirklich zu dem Inhalt und der Aussage des Beitrags passen. Beachte dabei, dass ca. 10-15 Hashtags pro Bild von Instagram noch erlaubt werden. Wenn du mehr Hashtags verwenden solltest, dann riskierst du, dass dein Beitrag als weniger relevant eingestuft wird. Wenn du das mehrmals hintereinander ausübst, dann kann es sogar einen sogenannten Shadowban nach sich ziehen. Was ein Shadowban ist, wie er sich auf deine Reichweite und dein Wachstum auswirkt und wie du aus diesem wieder rauskommst, erfährst du noch später im Detail.

Generell empfehle ich dir, die Hashtags in die Bildbeschreibung einzubauen, da du so nachher leichter einen möglichen Shadowban nachverfolgen kannst. Außerdem solltest du bei der Auswahl der

Hashtags auf die folgenden Dinge insbesondere achten:

I. Nutze allgemeine Hashtags (wie z. B. #food), aber auch vermehrt spezifische Hashtags (#veganesessen). Bei den allgemeinen Hashtags ist die Wahrscheinlichkeit sehr gering, dass dein Beitrag über eine längere Zeit oben gelistet wird. Allerdings kannst du bei einem allgemeinen Hashtag davon ausgehen, dass die Anzahl erreichter Nutzer bei diesem Hashtag viel höher sein wird. So wirst du zumindest für einen kurzen Moment eine hohe Aufmerksamkeit auf deinen Beitrag bekommen. Bei spezifischen Hashtags ist die Wahrscheinlichkeit höher, dass du länger oben gelistet wirst. Außerdem wird dein Beitrag so auch wirklich nur der für dich relevanten Zielgruppe angezeigt. Um rauszufinden wie hoch der Ansturm auf einen Hashtag ist, suche dafür den Hashtag über die Suchfunktion im Explorer. Dort wird dir zu jedem Hashtag die Anzahl der Posts angezeigt. Je geringer die Anzahl der geposteten Beiträge unter einem Hashtag, desto höher ist die Wahrscheinlichkeit oben angezeigt zu werden.

II. Statistische Auswertungen haben ergeben,

dass Marken- oder Firmenhashtags (z. B. #nike) sehr frequentiert gesucht werden. Deshalb baue auch Markenhashtags in deine Beschreibung ein, wenn du z. B. Markenklamotten trägst.

III. Verwende keine gebannten Hashtags. Manche Hashtags werden von Instagram gebannt, da ihnen sehr viele irrelevante Beiträge zugeordnet werden. Natürlich bannt Instagram auch rassistische und diskriminierende Hashtags. Überprüfe also im Vorfeld, ob die Hashtags, die du verwenden möchtest, noch aktiv sind. Dafür kannst du das Online-Tool von „IQ Hashtags" nutzen. Das Tool findest du hier: https://iqhashtags.com/banned-hashtags

IV. Kein Copy & Paste bei den Hashtags! Mittlerweile erkennt Instagram, wenn Hashtags in die Beschreibung von einer Liste einfach nur kopiert werden. Deshalb solltest du dir die Mühe machen und die Hashtags händisch eintragen! Am besten ist es natürlich, wenn du die Hashtags direkt in deinen #text einbaust.

V. Sorge für Abwechslung bei deinen Hashtags. Verwende nicht bei jedem Post die gleichen

Hashtags. Wenn du das tust, wird Instagram die Relevanz deiner Beiträge herabstufen. Deshalb versuche nach Möglichkeit einzigartige Hashtags zu jedem Bild zu finden. Verwende lieber weniger Hashtags und dafür lieber welche die genau zu deinem Beitrag und deiner Aussage passen!

#Geheimtipp

Folge den Hashtags, die du am meisten verwendest. Suche dabei nach dem Hashtag im Explorer und folge dem Hashtag. Dadurch wirst du bei diesem Hashtag automatisch besser gelistet.

9. Teile deinen Standort!

Nutze die Standortverlinkung beim Veröffentlichen eines Beitrags für eine geografisch höhere Reichweite. Das erlaubt dir zum einen generell mehr Nutzer anzusprechen, die nach einem Ort oder nach einer Location (z. B. Restaurant) suchen. Zum anderen kannst du so wieder eine zielgruppengerechte Ansprache durchführen.

10. Markierungen im Beitrag

Markiere relevante Profile und Seiten in deinem Beitrag. Dann erscheinst du bei den Profilen und

Seiten in ihrem Profil unter dem Reiter „Markierungen“. Das erlaubt dir, deine Reichweite entsprechend deiner Zielgruppe zu erhöhen. Hier gilt aber wieder das Prinzip: Markiere nur relevante und höchstens 5 Profile bzw. Seiten pro Beitrag. Sonst läufst du wieder Gefahr, dass deine Relevanz runtergestuft wird. Und im schlimmsten Fall landest du im Shadowban.

11. Schaffe dir Verbündete

Verbünde dich mit anderen Influencern oder Profilen, die in der gleichen Situation wie du stecken. Abonniere, like und kommentiere regelmäßig unter Bildern von anderen. So entstehen Verbündete, mit deinen du schneller an dein Ziel kommst. Bei viralen Posts können Kooperationen ebenfalls essentiell sein. Denn es entscheidet sich in den ersten 30 Minuten, ob sich ein Beitrag zu einem viralen Post entwickeln wird. Wenn du loyale Verbündete hast, dann werden sie auf jeden Fall deinen Beitrag durch einen Like, Kommentar, Sharing oder eine „Gespeichert“-Markierung unterstützen.

Zudem kannst du weitergehende Kooperationen mit den Personen starten. So kann man zum Beispiel gemeinsam Inhalte erstellen und durch

Markierungen gegenseitig Reichweite austauschen. Genauso können Shout-Outs in der Story des jeweils anderen durchgeführt werden.

#Geheimtipp

Kreiere oder tritt einer Whtasapp- bzw. Facebook-Gruppe mit Gleichgesinnten bei, um euch gegenseitig in Form von Likes, Kommentaren usw. zu unterstützen. (Vor allem in den ersten 30 Minuten nach dem dein Beitrag gepostet wurde!) Schreibe dazu z. B. auf Instagram Personen an, die sich in der gleichen Situation befinden, aber in einer anderen Nische. Achte darauf, dass bei Kommentaren mindestens vier Wörter verwendet werden. Dadurch bewertet Instagram das Engagement viel höher.

12. Mit Reziprozität zum Erfolg

Ein immer noch sehr gut funktionierendes Hilfsmittel ist das Like-for-Like Prinzip. Das Prinzip basiert auf dem Gesetz der Reziprozität. Das heißt, Menschen sind in der Regel bereit einem anderen Menschen zu helfen, wenn dem Menschen davor durch den anderen geholfen wurde.

Beim Like-for-Like Prinzip holst du dir Likes von anderen Nutzern ein. Diesen Nutzern musst du nicht folgen. Such dir Profile heraus, die sich für deine Themenbereiche interessieren könnten. Gehe dazu zum Beispiel auf die Followerliste deiner Mitbewerber und like 2-3 Bilder von den Nutzern, die ihnen folgen. Neben Likes wirst du so höchstwahrscheinlich auch weitere Follower aufbauen.

Diese Strategie kannst du z. B. in den ersten 30 Minuten nach der Veröffentlichung deines Beitrags anwenden, um den Algorithmus von Instagram auszunutzen und den „Social Proof" deines Beitrags zu erhöhen. Denn je mehr Likes dein Beitrag aufweist, desto interessanter erscheint der Beitrag für andere Nutzer. Dadurch erhöht sich die Wahrscheinlichkeit, dass noch mehr Nutzer den Beitrag liken.

13. Bleib in Kontakt mit deiner Community

Kreiere Posts, die deine Community interessieren. Du kannst in deiner Story Umfragen erstellen, um rauszufinden, was deine Follower interessiert. Nutze diese Möglichkeit! Denn so fühlen sich deine Follower wertgeschätzt und du generierst leichter weitere Follower. Genauso solltest du Live Stream nutzen, um im engen Kontakt mit deinen Followern zu bleiben. Für eine Verstärkung der Bindung, kannst du ebenfalls persönliche Events mit Followern organisieren. Oder erscheine auf Events, die deinem Thema entsprechen. Dort wirst du feststellen, dass du den einen oder anderen Follower triffst.

14. Mach den ersten Schritt!

Du kannst entweder abwarten und passiv mitverfolgen, wie sich deine Reichweite vergrößert. Oder du nimmst das Zepter selbst in die Hand und suchst nach Personen, denen dein Inhalt interessieren könnte. Dabei kannst du das immer noch erstaunlich gut funktionierende Prinzip des Follow & unfollow anwenden. Das hilft dir bei dem Ausbau deiner Follower und somit deiner möglichen Reichweite für deine Beiträge. Dabei kannst du genauso wie beim Like-for-Like Prinzip vorgehen, nur dass du den Personen selber für einige Tage folgst. Die Personen, denen dein Inhalt zusagt, werden dich abonnieren. In der Regel folgen dir Personen zurück, die selber mehr Personen folgen, als sie selbst Follower aufweisen. Nach einigen Tagen kannst du den Nutzern wieder entfolgen. Diese Follower bleiben dir normalerweise langfristig erhalten und du musst nichts weiter unternehmen, um diese zu halten. Aber du solltest drauf achten, dass du pro Tag nicht mehr als 20 neuen Personen folgst und auch nicht mehr als 20 alten Personen entfolgst. Sonst kann Instagram wiederum deine Relevanz herabstufen.

Das Entfolgen solltest du deshalb vornehmen, da dein Follower-to-Followed Verhältnis entscheidend für die Attraktivität deines Profils ist. Es gilt: Je mehr Personen dir folgen und je weniger Personen du dabei folgst, desto höher erscheint die Attraktivität deines Profils. Es ist auf jeden Fall wichtig, dass du weniger Personen folgst, als dir Personen folgen. Das Ziel ist es, diese Spanne so hoch wie möglich zu halten. Am Anfang mag es schwer sein, seine Reichweite auszubauen. Das liegt unter anderem wieder am Social Proof Prinzip. Da dir noch wenige Nutzer folgen, erscheint das für andere Nutzer als weniger attraktiv. Demnach je mehr Nutzer deinem Profil folgen, desto höher ist die Wahrscheinlichkeit, dass noch mehr Personen dir folgen werden.

15. Give back!

Gib von Zeit zu Zeit etwas an deine Community zurück! Am Anfang muss es nichts Wertvolles sein. Z. B. reicht ein Shout-out am Anfang schon aus. Die Give-aways kannst du in Kombination mit Gewinnspielen verknüpfen. Fordere deine Nutzer auf, deinen Beitrag zu liken, zu teilen, zu speichern, in ihrer Story zu teilen oder in den Kommentaren x Freunde zu markieren. Glaub mir: Sobald es etwas umsonst gibt, werden Personen um jeden Preis die Gewinnspielbedingungen erfüllen. Das kann deine Reichweite extrem nach oben katapultieren!

16. Nutze Shout-Outs

Mache bei jedem Gewinnspiel mit, bei dem es um Shout-Outs geht. Vor allem, wenn es um größere Profile im Vergleich zu deinem handelt. Nicht nur wirst du direkt Reichweite von dem Profil erhalten, sondern stuft dich Instagram danach besser vom Ranking ein. Wenn dein Profil oder deine Beiträge in der Story oder im Profil eines Profils geteilt werden, dann heißt es für Instagram, dass deine Inhalte interessant und relevant sind.

Manche Profile und Seiten bieten kostenlose oder auch bezahlte Shoutouts an. An sich ist es eine Möglichkeit, um mehr Aufmerksamkeit auf sein Profil zu generieren. Du solltest aber schauen, dass der Inhalt der Seiten mit deinem übereinstimmt. Bezahlte Shout-Outs kann ich dir nicht empfehlen, außer wenn es sich um eine wirklich spezifische Seite handelt, die ebenfalls in deiner Nische tätig ist. Zudem analysiere davor das Like-Follow Verhältnis, und das Engagement bzw. die Anzahl der Interaktionen zwischen den Followern und dem Profil.

17. #Geheimtipp: Sei der erste! (Reels-Feature)

Instagram bringt immer wieder neue Features raus. Sei es der Live-Stream, der Fragesticker für die Story oder neue Smileys. Sei der erste, der diese Funktionen ausprobiert und in seinen Beiträgen einbaut. Instagram braucht nämlich immer „Tester" von neuen Funktionen. Und die Tester ist Instagram bereit auch dementsprechend mit mehr Reichweite zu belohnen.

Und die Tester ist Instagram dementsprechend bereit, mit mehr Reichweite zu belohnen.

Als aktuelles Beispiel aus dem Jahr 2020 dienen die „Reels".

Seit dem Sommer 2020 ist es auf Instagram möglich sogenannte „Reels" zu erstellen. Dabei handelt es sich um ein Konkurrenzfeature zur immer mehr populär werdenden Social Media Plattform „Tik Tok". Um nicht die bestehenden Nutzer zu verlieren, entwickelte Instagram ein sehr ähnliches Feature.

Das Besondere an Reels: Du kannst ein Video mit lizensierter Musik im Hintergrund aufnehmen. Zusätzlich hast du die Möglichkeit durch viele weitere sehr coole Funktionen dein Video sehr kreativ und einzigartig zu bearbeiten und zu gestalten.

Das Reels-Feature findest du in deiner Story. Neben der ganz normalen Story-Funktion kannst du Live-Videos oder eben Reels auswählen. Anders als bei Stories, kannst du bei Reels zwischendrin stoppen oder mehrere Clips zu einem Reel kombinieren und mit unterschiedlichen Effekten belegen.

Lass bei der Erstellung von Reels deiner Kreativität freien Lauf! Je einzigartiger und außergewöhnlicher du diesen gestaltest, desto mehr Aufmerksamkeit wirst du auf dein Profil generieren können.

Die Ersteller von Reels wurden und werden immer noch von Instagram mit extremer Reichweite belohnt. Die Kurzvideos erscheinen nämlich bei den Nutzern im Explorer Feed an der obersten Stelle in einem sehr großen Ausschnitt.

Und das verschafft dir als Creator eine enorme Steigerung deiner Reichweite!

Und der Zug ist Stand August 2020 noch nicht abgefahren. Die Reichweiten-Belohnungsphase wird sich höchstwahrscheinlich mindestens bis zum

Ende von 2020 hinziehen, denn die Funktion kommt bei den Usern sehr gut an!

18. #Geheimtipp: Nutze so viele Channels wie möglich!

Nutze so viele Plattformen wie möglich zur Steigerung der Aufmerksamkeit auf deinen Beitrag. Es klingt einfach und logisch, aber nur die wenigstens machen das auch tatsächlich in der Praxis. Deshalb: Wenn du neben Instagram auch bereits einen Youtubekanal, eine Facebookseite bzw. -gruppe oder eine Whatsappgruppe betreibst, solltest du natürlich die dort vorhandene Reichweite nutzen, um auf deine Instagrambeiträge aufmerksam zu machen.

Abschließend muss angemerkt werden, dass die Übertreibung einer Strategie zu einer Herabstufung der Relevanz durch Instagram verursachen kann. Deshalb sollten die Strategien bedacht eingesetzt werden. Und genau aus diesem Grund sollten ebenfalls bezahlte Methoden in Betracht gezogen werden.

Diese „Hilfsmittel" zerstören deine Reichweite!

Bevor wir zu den richtigen und erfolgsbringenden bezahlten Strategien kommen, lass uns anschauen, welche bezahlten Hilfsmittel du auf jeden außer Acht lassen solltest.

Bei bezahlten Strategien gilt es zu unterscheiden zwischen plattforminternen und plattformexternen Services zum Ausbau der Reichweite.

Unter plattforminternen Services versteht man die Möglichkeit auf Instagram seine Beiträge zur Steigerung der Reichweite zu bewerben.

Plattformexterne Services sind Dienstleistungen, die man sich auf externen Websiten buchen kann. Dazu zählen z. B. Bots zur automatischen Erstellung von Kommentaren und Likes oder der Zukauf von einer gewissen Anzahl an Followern für dein Profil.

Beide Services führen im Endeffekt zum Ziel. Allerdings wird in diesem Buch ganz klar von plattformexternen Dienstleistungen abgeraten. Bei beiden Möglichkeiten muss man in der Regel mit der gleichen Investitionshöhe für einen gewissen Output rechnen. Bei den plattforminternen Möglichkeiten wird mehr Know-how benötigt, allerdings überwiegen die Nachteile der plattformexternen Möglichkeit.

Zunächst muss festgehalten werden, dass die Nutzung plattformexterner Services zur Erhöhung der Reichweite in jeglicher Art gegen die AGBs von Instagram verstößt.

Zudem handelt es sich in der Regel bei den Services um den Einsatz von Bots oder um qualitativ minderwertige Follower. In beiden Fällen erfolgt nur eine einmalige Reichweitenerhöhung ohne langfristiger Bindung und Interaktion. Außerdem erkennt Instagrams Algorithmus den Einsatz solcher Services, so dass es zur Einschränkung der Reichweite kommt.

Aus diesen Gründen, wird vom Einsatz von plattformexternen Services abgeraten.

Bezahlte Strategien als Boost für deine Reichweite

Jetzt haben wir geklärt, dass plattformexterne Services nicht zu empfehlen sind. Plattforminterne Services eignen sich aber perfekt dafür, um Werbeanzeigen für deine Beiträge, dein Unternehmen oder Produkte zu machen.

Instagram ist ein Tochterunternehmen von

Facebook. Deshalb werden Werbeanzeigen über Facebook eingespielt. Deshalb nicht wundern, wieso du den Facebook-Ad-Manager nutzen musst.

Marketingziel festlegen

Bevor du eine Anzeige schaltest, solltest du dein Marketingziel festlegen. Folgende Ziele stehen zur Auswahl. Im Facebook-Ad-Manager kannst du dich zu jeder der Strategie weiter erkundigen.

- Markenbekanntheit
- Reichweite
- Traffic
- Interaktionen
- App-Installationen
- Videoaufrufe
- Leadgenerierung
- Nachrichten
- Conversions
- Katalogverkäufe

Instagram bzw. Facebook wird dann die Anzeige entsprechend dem Ziel optimieren. Das heißt beim Ziel „Reichweite“ wird deine Anzeige primär Nutzern aus deiner Zielgruppe gezeigt, die in der Regel nach einer Anzeige einem Profil folgen. Dementsprechend solltest du dir einige Gedanken zum Ziel deiner Anzeigen machen

Zielgruppe definieren

Stelle anhand von demografischen Eigenschaften, Interessen, geografischer Lage usw. deine perfekte Zielgruppe zusammen. Du solltest bezahlte Werbung nämlich dafür nutzen, den perfekten Follower für dich zu gewinnen.

#Geheimtipp

Du kannst Facebook bzw. Instagram damit beauftragen eine Lookalike-Audience nach deiner Anzeige zu erstellen. Dabei werden Informationen von den Nutzern, die die Zielaktion ausgeführt haben gesammelt und dadurch deine perfekte Audience zusammengestellt. So steigerst du nochmals die Effektivität deiner Anzeigen.

Platzierung aussuchen

Wähle aus, ob du deine Anzeige im Instagram Feed, auf der Explore Page oder in der Story darstellen lassen willst.

Im Instagram Feed und auf der Explore Page sollte dein Beitrag als gewöhnlicher „Beitrag" erkennbar sein. So wird der Beitrag nicht direkt als „Werbung" eingestuft und Nutzer reagieren nicht negativ drauf. Dabei solltest du natürlich drauf achten, dass du mit Hilfe von Instagram Insights im Vorfeld identifizierst, welches Bildformat die meiste Interaktionen (Likes, Kommentare, Shares und Saved) erzielt hat. Dann kannst du entweder den stärksten Beitrag auswählen und diesen bewerben. Oder du bewirbst einen neuen Beitrag. Klar sollte dein Beitrag (so wie auch jeder andere) einzigartig und kreativ sein. Er sollte zudem klar und eindeutig deine Value Proposition und deinen USP vermitteln. Die Nutzer sollen nämlich die Vorteile und den Mehrwert erkennen, dir zu folgen bzw. das Produkt zu kaufen.

Vergiss dabei nicht, den Call-to-Action deinem Ziel entsprechend anzupassen. Dazu zählt der verfügbare Call-to-Action Button. Hier sind die Auswahlmöglichkeiten durch Instagram begrenzt. Neben dem Button, solltest du einen Call-to-Action entweder direkt auf das Bild, ins Video oder in die Bildbeschreibung einbauen. Wenn es darum geht, dass dir mehr Nutzer folgen, dann nutze z. B. „Folge jetzt, um keine Inhalte zu verpassen“ als Call-to-Action.

Bei Anzeigen in der Story solltest du beachten, dass die Anzeige nur wenige Sekunden dem Nutzer angezeigt wird. Deshalb sollte es sofort die Attention des Nutzers einfangen und in wenigen Sekunden den Grund für den Nutzer näher bringen, welchen Vorteil es ihm bringt hochzuwischen. Beim Video kannst du am Anfang irgendeine unerwartete

Handlung tätigen, die zu einer Erhöhung der Aufmerksamkeit führt. Dazu zählt z. B. ein Händeklatschen. Bei Bildern kannst du durch Farben, Schriftart und –größe oder etwas Einzigartiges auf dem Bild die Aufmerksamkeit locken. Achte aber darauf, das Bild nicht mit zu vielen Dingen zu „überladen“. Sonst kommt deine Kernbotschaft nicht mehr heraus. Wenn du es meisterst die Aufmerksamkeit des Nutzers zu halten, dann bieten Story Ads den enormen Vorteil, dass der Nutzer beim Anschauen der Story die volle Aufmerksamkeit dem Bildschirm widmet, da die Stories unmittelbar nacheinander erscheinen. So erhöhst du die Effektivität deiner Werbung!

Abrechnungsmodell, Gebot und Budget wählen

Bei Instagram-Werbung gibt es drei mögliche Abrechnungsmodelle: CPC, CPM oder CPA.

Bei CPC (Cost-per-Click) rechnet Instagram pro erfolgtem Klick auf die Werbung durch den Nutzer ab. Somit eignet sich das Modell, wenn es darum geht, die Besucher auf der eigenen Website zu erhöhen.

Bei CPA (Cost-per-Action) rechnet Instagram pro erfolgter Interaktion zwischen Nutzer und der Werbung. Die Interaktion muss im Vorfeld definiert werden. Zu einer Interaktion zählt z. B. ein Like oder Kommentar.

Bei CPM (Cost-per-Mille) berechnet Instagram einen Preis für 1.000 Impressionen. Interaktionen oder Klicks haben auf die Kosten in dieser Konstellation keine Auswirkungen. Diese Methode bietet sich für die Erhöhung der Bekanntheit eines Profils, Marke oder Produkts an.

Als nächstes sollte die Gebotshöhe ausgewählt werden. Also wie viel man bereit ist, für einen Klick, eine Interkation oder 1000 Impressionen zu zahlen. Hier werden durchschnittliche Werte vorgegeben, an denen man sich orientieren kann. Die Gebotshöhe hängt primär von der Nachfrage in einem Werbemarkt ab. Das wiederum hängt sehr stark von der ausgewählten Zielgruppe ab.

Je kleiner man ein Gebot abgibt, desto „schlechtere" Werbepostionen werden einem vergeben. Bei einem geringen Gebotspreis wird die Werbung zum Beispiel in einer Story erst nach der zehnten Story bei einem Nutzer erscheinen. Oder im Feed bzw. Explorer erst nach mehreren Beiträgen und der Werbung anderer Anbieter. Deshalb sollte am Gebotspreis nicht unbedingt gespart werden. Ein weiterer wichtiger Faktor für die Anzeigeposition ist die Qualität und die Relevanz der Anzeige für die

Zielgruppe. Wenn deine Anzeige nicht relevant für die Zielgruppe ist, wird Instagram die Anzeigeposition auch herunterstufen. Zudem ist es sehr wichtig, dass die Richtlinien von Facebook für Werbeanzeigen eingehalten werden, da sonst der Werbeaccount gesperrt wird. Die Nutzungsbedingungen findest du hier:

- ✓ https://www.facebook.com/policies/ads

Als letztes wählst du das Budget raus, das du für die Werbekampagne ausgeben möchtest.

Dieses hängt von deinem Marketingziel, Zielgruppe und der Laufzeit ab. Das Budget kannst du aber später flexibel verändern.

Wähle eine Laufzeit aus

Viele machen den Fehler und lassen eine Anzeige nur wenige Tage laufen. Allerdings sollte eine Anzeige nicht zu früh abgeschalten werden, auch wenn der Output zunächst etwas gering erscheinen sollte. Menschen brauchen nämlich in der Regel zwischen 5-8 Kontaktpunkte, damit sie zu einer Handlung angeregt werden. Und das braucht einige Zeit! Deshalb lass deine Anzeigen mindestens einige Wochen laufen, um über die Effektivität beurteilen zu können.

#Geheimtipp

Es besteht die Möglichkeit, zwei verschiedene Beiträge parallel zu bewerben. Durch das A/B Testing kannst du testen, welcher der beiden Beiträge besser bei deiner Zielgruppe ankommt.

#Geheimtipp

Lösche negative Kommentare so schnell wie möglich. Negatives zieht nämlich noch mehr Negatives an. Auf der anderen Seite solltest du deine engen Follower oder Supporter z. B. aus deiner Whatsapp Gruppe dazu auffordern, positive Kommentare unter die Anzeige zu setzen. Das steigert die Anzeigenergebnisse enorm!

Analysiere deine Werbeanzeigen!

Überprüfe regelmäßig die Effektivität deiner Werbeanzeigen. Wenn sie das gewünschte Ziel bringen, dann solltest du überlegen, mehr Budget für die Werbeanzeige einzuplanen. Hier gilt nämlich der Grundsatz: „Never change a running system“. Falls die Kampagne nicht die gewünschten Ergebnisse liefert, dann überprüfe die oben genannten Stellschrauben und passe deine Anzeigen an! Aber schmeiß nicht zu früh den Hut hin. Damit Werbung erfolgreich wird, benötigt sie immer etwas Zeit. Wie bereits besprochen benötigen Menschen mehrere Kontaktpunkte, bevor sie „kaufen“.

Wie du aus Shadowbans rauskommst und wie du sie umgehst

In den vorherigen Kapiteln wurde das Thema „Shadowban“ bereits angeschnitten. Bei einem Shadowban handelt es sich um eine Reduzierung der Reichweite durch den Algorithmus von Instagram.

Wie bereits besprochen, ist es Instagrams Intention, Nutzer so lange wie möglich auf der Plattform zu behalten. Denn je länger ein Nutzer sich auf Instagram aufhält, desto mehr Werbung kann und wird er konsumieren. Mit dieser Werbung verdient Instagram Geld. Somit ist Instagrams Algorithmus danach ausgerichtet, den Nutzern relevante und für sie interessante Beiträge zu zeigen. Wenn nun versucht wird so viel Reichweite wie möglich um jedem Preis zu generieren, ohne dabei wirklich relevante und interessante Beiträge für diese Nutzer zu bieten, wird das Instagram einschränken. Und die Einschränkung erfolgt, in dem die Reichweite des Profils für eine gewisse Zeitspanne reduziert wird.

Die Zeitspanne liegt in der Regel zwischen 2 bis 5 Tagen.

Somit solltest du vermeiden, gegen das Interesse von Instagram zu handeln, da du sonst den gegenteiligen Effekt damit erzielst. Falls du aber in einem Shadowban landen solltest, dann ist es nicht so schwer wieder rauszukommen. Reduziere einfach deine Aktivität auf Instagram für eine Woche auf das Nötigste (Direct Chat Messages beantworten) und der Shadowban wird wieder aufgehoben. Instagram teilt einem aber nicht mit, ob man im Shadowban ist. Das merkst du selber, wenn deine Beiträge plötzlich weniger Reichweite generieren. Um zu überprüfen, ob dein Profil und deine Beiträge einem Shadowban unterliegen, kannst du das folgende Tool nutzen:

- ✓ https://triberr.com/instagram-shadowban-tester

Instagram Insights richtig nutzen, damit du das Ruder über die Entwicklung deiner Reichweite behältst!

Egal, ob du mit einem bestehenden Instagramprofil oder einem neuen Profil deine Instagramreichweite ausbauen möchtest, solltest du das Profil auf einen „Business“-Account umstellen. Das machst du ganz einfach und kostenfrei in den Einstellungen von Instagram. Es bringt dir z. B. den enormen Vorteil, dass du nun „Insights“ von Instagram nutzen kannst. Instagram stellt dir dann nämlich eine Auswertung verschiedener Kennzahlen deines Profils zur Verfügung. Diese solltest du auf jeden Fall nutzen, um so effizienter deine Reichweite auszubauen.

Dabei kannst du deinen Inhalt und jeden deiner Beiträge und jede Story nach verschiedenen Parametern untersuchen.

Zudem kannst du die Entwicklung deines Profils in Hinblick auf Reichweite, Impressionen, Profilaufrufe und Interaktionen untersuchen.

Zusätzlich kannst du die Zielgruppe bzw. deine Follower auswerten lassen. Hier steht dir die genaue Entwicklung, die Standorte, das Alter, Geschlecht und die Aktivitätszeit zur Verfügung.

So generierst du hohe Einnahmen mit deiner Reichweite

Deine Reichweite und deine Follower bieten dir viele Möglichkeiten auf Instagram. Aber auch außerhalb Instagram verschafft dir die Reichweite gewisse Vorzüge und exklusive Vorteile.

Wie genau du deine Reichweite monetarisieren kannst, erfährst du in diesem Kapitel.

Zunächst ist es wichtig, dass du deinen Beitrag, sobald er bezahlte Werbung enthält, als Werbung kenntlich machst. Es reicht, dass du am Anfang deiner Beschreibung den Zusatz [Ad] oder [Werbung] anfügst. Wenn du das nicht machst, drohen dir Abmahnungen!

Außerdem solltest du unbedingt auf dein Verhältnis zwischen deinen Likes, die du gewöhnlich auf einen Beitrag erhältst und auf die Anzahl der Follower achten. Wenn die Likeanzahl im Verhältnis zur Followeranzahl sehr gering ist, dann macht es dein Profil als Werbeplattform deutlich unattraktiver. Denn wenige Likes sind ein Zeichen für eine geringe Interaktionslust deiner Follower, das fehlende Interesse an deinem Thema oder die geringe Aktivität der Nutzer auf Instagram. Deshalb achte darauf, dass du stets Follower anziehst, die mit deinen Beiträgen in Form von Likes interagieren, Interesse an deinen Inhalten pflegen und auf Instagram regelmäßig aktiv sind.

Zudem ist es wichtig, dass dein Instagramprofil nicht nur rein zur Werbeplattform wird. Denn das wird viele Follower dazu bewegen, dir zu entfolgen. Deshalb achte auf einen ausgewogenen Mix zwischen normalem Content und Werbung. Pro 3 normalen Posts kannst du 1 Post mit Werbung veröffentlichen. Diese Faustformel hat sich mehrfach in der Praxis bewährt.

Achte zu dem drauf, dass die Produkte, die du anbietest, dir gefallen, einen Mehrwert deiner Community liefern und zum Thema deines Contents passen. Das sorgt für eine höhere Authentizität!

Produktplatzierungen: So viel bekommst du pro Post

Eine der meist verbreiteten Monetarisierungsformen auf Instagram und auf anderen Social Media Kanälen ist die einfache Produktplatzierung. Dafür fragt dich in der Regel ein Unternehmen an, dass es sein Produkt in einem deiner Beiträge beworben haben möchte. Das geschieht in der Regel einmalig und ebenfalls gegen eine einmalige Zahlung. Solange du weniger als 10.000 Follower hast, wirst du feststellen, dass dir Unternehmen zunächst Produktplatzierungen gegen eine kostenlose Zusendung des Produktes anbieten werden. Das ist ganz normal. Nutze das, um das Vertrauen des Unternehmens zu gewinnen. Mit wachsender Followeranzahl kannst du dann mit dem Unternehmen in Verhandlung treten und Produktplatzierungen gegen bezahlte Vergütung vereinbaren. Ab 10.000 bis 20.000 Followern kann man in der Regel 100 € pro Beitrag verlangen. Die Summe hängt stark von deiner Nische, Interessen deiner Zielgruppe und Kaufkraft deiner Follower ab. Ab 100.000 Followern kannst du ab 1.000 € pro Produktplatzierung verlangen.

Wenn du eine langfristige Beziehung mit dem Unternehmen eingehen möchtest, dann kannst du dich nach einem Sponsoring erkundigen.

Sponsorings: eine langfristige Geldmaschine

Wenn du es dir vorstellen kannst über einen längeren Zeitraum hinweg mit einem einzigen Unternehmen für eine Produktgruppe zusammenzuarbeiten, dann ist ein Sponsoring das Richtige für dich. Abhängig von deiner Reichweite und deinen Verhandlungsskills, wirst du entweder mit einem monatlichen Einkaufsgutschein im Shop des Unternehmens oder einer Geldzahlung entlohnt. Ab 50.000 Follower kannst du auf eine monatliche Vergütung in Form von Geld beharren. Die Beträge schwanken stark von Nische zu Nische. Aber bis 1.000 € pro Monat sind durchaus realistisch. Mit der steigenden Followeranzahl, kannst du natürlich mehr Geld pro Sponsoring verlangen. Neben dem festen monatlichen Einkommen, wird dir das Unternehmen höchstwahrscheinlich ebenfalls eine Affiliate-Partnerschaft anbieten.

Affiliate Marketing: Verdiene durch Empfehlungen!

Bei Affiliate Marketing liegt der Clue darin, dass du pro gekauftem Artikel über deinen Link oder einen bestimmten Code anteilig Provision bekommst. Dadurch kannst du dein Einkommen um das Vielfache steigern, wenn du gezielt Affiliatelinks einbaust und dabei natürlich die wichtigsten Verkaufsregeln beachtest.

Eines der größten Affiliate Programme bietet Amazon. Du kannst dich jederzeit bei dem Partnerprogramm registrieren und Produkte auf Amazon anbieten. Der Vorteil hierbei: du wirst nicht nur für die Produkte entlohnt, die der Nutzer direkt über deinen Link kauft. Amazon setzt nämlich einen Cookie im Browser des Nutzers für 24 Stunden. Für alle weiteren Artikel, die der Kunde in 24 Stunden kauft, bekommst du Provision. Wenn der Kunde zwischendurch auf einen anderen Affiliatelink klickt, dann verschwindet diese Regelung.

Neben dem Verkauf von fremden Produkten kannst du ebenfalls eigene Produkte zum Verkauf anbieten.

Verkauf von eigenen Produkten: Baue dir eine eigene Marke auf

Mit Hilfe von Instagram baust du dir eine Marke auf. Diese Marke kannst du nutzen, um eigene Produkte zu verkaufen. Dafür solltest du überlegen welche Produkte zu deinem Thema passen. Das könnten physische Produkte sein, die du über Amazon oder über deinen eigenen Online-Shop verkaufst. Oder du erstellst digitale Produkte. Dazu zählen zum Beispiel digitale Informationsprodukte, mit denen du Menschen Wissen in einem Gebiet vermittelst.

Zusätzlich kannst du eine eigene Merchandise-Brand aufziehen. Du fragst dich: wieso sollte ich Pullis mit meiner Marke verkaufen? Ganz einfach: Dadurch wirst du auch offline präsenter. Das verschafft dir wiederum mehr Aufmerksamkeit auf dich und deinen Onlineauftritt.

Schlusswort

Du hast das Buch gekauft, um ein konkretes Ziel zu erreichen. Und zwar: dir eine Marke auf Instagram aufzubauen. Deshalb fang an, die Tipps und Strategien aus dem Buch umzusetzen! Integriere Step-by-Step jede einzelne Strategie und Geheimtrick und ich kann dir versprechen: Dein Profil wird durch die Decke gehen!

Beachte, dass Nutzer auf Instagram nach Unterhaltung, Interaktion oder Informationen suchen. Richte dein Profil nach diesen drei Dingen aus. Kenne deine Zielgruppe und positioniere dich in deinem Bereich als Experte! Nutze so viele wie möglich organischer Strategien und setze ebenfalls gezielt bezahlte Werbung ein. Vermeide dabei auf jeden Fall Services wie Likes oder Kommentare von Bots oder gekaufte Follower. Abschließend nutze die Reichweite, um dir damit ein Einkommen aufzubauen oder deinen Umsatz als Unternehmen zu steigern.

P. S. **Glückwunsch**, dass du es bis zum Ende geschafft hast! Bevor du das Buch schließt, würde ich dich noch gerne um einen Gefallen bitten: Wenn dir **das Buch gefällt**, dann werde ich mich sehr über eine Bewertung von dir auf Amazon freuen!
Danke vorab und Beste Grüße – *Anton Marquardt*

Haftungsausschluss

Der Inhalt dieses Buches wurde mit großer Sorgfalt geprüft und erstellt. Für sämtliche Inhalte kann jedoch keine Garantie übernommen werden. Dies gilt weder für die Richtigkeit, Vollständigkeit, noch Aktualität der Inhalte. Alle enthaltenen Informationen basieren lediglich auf der eigenen Meinung und persönlichen Erfahrung des Autors. Für selbstverursachte Schäden und Fehlhandlung des Lesers wird daher keine juristische Haftung Seitens des Autors übernommen. Zudem garantiert der Autor keinerlei Erfolge mit den im Buch erwähnten Informationen, da diese wie oben genannt nur auf persönlicher Erfahrung des Autors basieren und lediglich als Einführung in das Thema dienen sollen. Gleichzeitig wird keine Haftung auf den im Buch angegebenen Quellen und externen Webseiten übernommen. Für all diese Inhalte ist einzig und allein der jeweilige Webseitenbetreiber verantwortlich, weshalb der Autor automatisch von einer Haftung ausgeschlossen ist. Zudem stellt das Buch keine rechtliche Beratung dar. Bei rechtlichen Fragen wird ausdrücklich darauf verwiesen einen Anwalt zu kontaktieren.

Impressum

1. Auflage 2020

Kontakt: Anton Scharton / Saint-Claude-Str. 25 / 72108, Rottenburg

Covergestaltung: fiverr.com/germancreative

Coverbild: depositphotos.com

Printed in Poland
by Amazon Fulfillment
Poland Sp. z o.o., Wrocław

70180190R00049